물망초
진실된 사랑

곽재은 지음

엘맨

물망초
진실된 사랑

초판1쇄 2020년 6월 26일

지은이 : 곽재은
펴낸이 : 이규종
펴낸곳 : 엘맨
주   소 : 서울시 마포구 토정로222 한국출판콘텐츠센터 422-3
출판등록 제1998-000033호(1985.10.29)
전   화 : (02) 323-4060
팩   스 : (02) 323-6416
이메일 : elman1985@hanmail.net
www.elman.kr

ISBN : 978-89-5515-682-9 03230

값 12,000 원

물망초
진실된 사랑

곽재은 지음

엘맨

추억속에 그려내는 삶과 사랑

어린 시절을 회상하며 추억으로 만들어가는 사연이 나만의 역사가 되고 삶이 노래가 되어 한편의 시가 되고 있음은 지금의 나를 이끌어주는 활력소이다.

그 힘은 나를 지탱하는 현재 진행형 숨소리이며 가족과 이웃 사랑에 대한 이야기로 내일을 준비하는 희망의 노래 즉 우리집 이야기가 만들어지고 아름다운 부부 이야기가 되었음에 감사하며 지금까지의 나의 삶을 정리해 본다.

내가 태어난 1951년은 우리 한국사에 가장 암울한 시기인 6.25 한국전쟁의 정점에 있었다 성장기 또한 가난으로 하루 하루의 생활고가 삶을 흔들 정도로 가장 어려웠던 희망조차 품기 힘들었던 어린시절 10남매를 양육하신 부모님의 사랑에서 배우는 지혜가 있었고 이제 나이 70이 되고 보니 자녀들에게 남겨야 할 이야기도 많아졌다.

"연탄재 함부로 차지 마라". 이 말을 묵상하며 더러운 것이 아닌 자신을 태워 사랑의 온기를 전한 그 진리에 눈을 떠본다. 마음으로 늘 건강하게 살려고 노력해온 지난날이 얼마나 나를 우여곡절을 반복하며 일으켜 세웠는가?

　　하루하루의 생활이 그저 습관적인 것 같지만 평범함속에 배워가는 지혜, 그것이 지금의 나를 만들고 사랑의 열매가 되었다고 생각한다.

　　이제 인생의 후반기를 정리하는 삶을 준비하고있다. 평범함이 더욱 빛나도록 지금까지 살아온 지난날에서 얻은 지혜와 구차한 노년이 아닌 아름다운 인생 이야기로 기억되는 앞날이 되기를 소망하며 기도한다.

　　평생 동안 나의 삶을 이끌고 고비 고비 일으켜 세워주신 주님의 인도하심에 감사드리며 이 한 권의 책이 많은 사람들에게 평범한 나의 지난날이 잊혀지는 않는 추억으로 미래를 바라보는 이야기 거리가 되기를 기원한다.

　　　　　　　　　　　　　　2020년 5월 여주에서

목차

우리 집 이야기

아버지 어머니 그리고 고향의 숨결
세월을 낚아 추억을 만들어본다

10남매 오순 도순 향수어린 삶의 노래
어린 장손 망나니 내삶이 그리워지는 곳
그곳에 나를 찾으려고 집을 지었네.

마당을 거닐 때면 할머니 손길 느끼고
윤사월 보리밭 아지랑이 피어나는 오솔길
초여름 밭두렁에 이야기 담은 보리밥
상추쌈 한입이 보릿고개 만찬이 되었네.

살아 생전 떨어진 양말 헌옷 깁고
긴긴밤 바느질 벗삼아 희망으로
우리를 길러오신 부모님
낮은 산 끝자락에 영원한 집을 지으셨네.

이렇게 더듬어가는
시간의 연륜이 왜 아름다울까
지나온 세월이 구슬처럼 엮어져
낭만의 노래가 된다
한 구절 한 구절 소망을 담는다/

반딧불 모아 별빛 사연 만들어
초롱불 바람에 흔들리는
그때 그 시절 그 노래가
지금의 나를 일으키며
내일을 말하는 희망의 이야기.

오랜 친구

보이지 않고 옆에 없어도
서로의 마음으로 나를 이끌어온
묵은 삶의 이야기 보따리 상자
너의 기쁜 모습 기억하며
내 삶은 노래하고 깊은 한숨 내쉴 때
가슴 한 곳에 너의 쉴 곳 마련한다.

시간의 눈 속에서 너를 바라본다.
모르는 만큼 사연이 만들어지고
다는 알 수 없지만 살아온 세월 더하여
너와 나는 삶을 지탱해온 징검다리

쌓여가는 추억을 벗삼아
그리운 정 나누고 미소로 풀어가자
기다리듯이 다가오는 그 숨결 느끼며
내 마음 내려 너에게 주려므나.

세월이 어렴풋이 흘러간 뒤에
조금 더 멈추어 서서
기분 좋은 기억 못다한정 나누며
하나이고 싶었던 우리 이야기
기억하며 내일을 만들어 가자구나.
오랜 친구야?

5일 장

어우러져 살며 정을 나누지만
사람마다 제각기 다른 소리
삶의 열정을 쏟아 내며
한 박자로 맞추며 살아가네.

세상은 춥고 황량 하지만
만나고 반가워 찾아가는 정으로
흥따라 친구 만드는 즐거움있네

모락모락 김을 내는
커피의 맛 순댓국에 막걸리 한잔
계절 따라 바뀌는 과일 향기
장마다 펼쳐지는 너와 나의 이야기

내 기쁨 나누며 같이 즐겁고
내일을 같이 만드는 이웃사촌들
넉넉함으로 같이 채우지 못해도
추억을 쌓아가는 재미가 있네.

오늘을 스쳐가는 모든 일들이
빈자리로 남아 아쉬움 머물 때
다시 만날 그 자리 기억하며
내 삶을 사랑하며 살자구나.

강천섬

채 밝지 않는 동쪽 하늘 바라보며
여명에 비치는 너의 모습 벗삼아
신선한 아침 공기 호흡하는 사람 있네.

강천보 물안개 피어올라
아스라하게 이어지는
너와 나의 영혼의 협주곡

나를 가두었던 마음의 문 열고
미끄러지듯 다가오는
너 떠나는 쓸쓸한 마음 달래고파
빈자리 채우는 세월이 야속하구나.

너 돌아와 거울 앞에 서면
끊을 수 없는 영원한 친구로 남아

그대 떠나고 여기 없어도

그 자리 그 모습 기억하며

내 기쁨 나누어 함께 걸으리.

나이 들어감의 즐거움

잊는다 하여 잊을 수 없는 것
내 나이 벌써 칠십이 되었네.

지우려 하면 아무 흔적 없이
지워졌으면 좋으련만
쌓아온 연륜으로 오늘을 사네

어린 시절 어른이 될 날을 기다리고
성년이 되어서는
늘어나는 가족이 기쁨이 되었네.

살아온 세월의 흔적
지난날 내 모습은 아니보이고
마음으로 그리워하며 투정 부리네.

가는 곳 걷는 곳 발자국 추억삼아

나이를 먹는 재미로

그리운 내 모습 찾아가네.

손자 사랑

생각하면 못내 보고파서
마음 저려 오고
같은 하늘 아래 같은 공기
마시며 사니
어디에 있은들 내 사랑 아니랴.

단 하나의 소중한 의미
가족이라는 이유로
가까워지고 더 가까워져
어느 꽃 어느 나비가
이렇게 아름다울까.

오늘도 변치 않을
우리만의 사랑 이야기
나의 삶은 너희들로 인해
꽃길을 걷고 있네.

물망초

황량한 들판길을 홀로 걷는다.
세월 속에 묻혀가는 삶이 정답고 그리워
나는 오늘도 이 길을 가고 있다.

봄 여름 가을 겨울
색깔따라 속삭여주는 자연의 대화
1월의 마지막날 스쳐가는 시간의 공간
가장 친근한 언어로
나만의 밀어가 만들어진다.

추억이 있고 사랑을 노래하며
삶의 굴곡이 한편의 영화인 것을...
허전함으로 채워지지 않는
동화 속을 거니는 구름 같은 발걸음은
어디에서 해답을 찾아야할까?

그대여!
나와 같이 만들어가는
인생의 수평선이여
아득히 멀게만 느껴온 지난날들
당신을 향한 갈증으로
지금도 꿈틀거리는 소망을 봅니다.

사랑이라는 아름다운 말로
교착점이 아닌 종점을 준비해가는
내 마음에 켜진 기도의 불을
오늘도 희망으로 밝혀가도록
한 가지 언어로 채워 주소서.

농부의 기도

어둠을 밀어내고
새벽이 태양을 품는다
싱그러운 창가에 하늘이 열린다.

이슬 먹은 밭이랑 뿌우연 안개 구름
설레임으로 희망을 선물하는
감미로운 햇살은
자연의 아름다운 조화를 선물한다.

밤새 무슨 일이 일어난 걸까?
한뼘이나 커보이는 오이넝쿨
수줍 은듯 미소지으며 얼굴 내미는
자주빛 감자꽃 이야기
배시시 웃으며 무언의 하루를 여는
그들만의 대화 소리 없는 함성

그래 그렇지!
살아가는 즐거움이 바로 이것이야
보일듯 보이지 않는 생명의 씨앗
오늘도 기쁨의 에너지가 공급된다

속삭이 듯 다가오는 숨결에서
내일의 소리를 듣는다
세상을 향한 기쁨의 노래
자연과 같이하는 즐거움이
나의 노래와 기도로 하루가 열린다.

백록담 가는길

철쭉꽃 바윗 틈에 살포시 얼굴 내밀고
연초록 나뭇잎 움터오는 봄날
한라산 주봉 남해를 지척에 품고
영실 기암 등산로에 아침이 열린다.

겨울이 채 떠나지 않은 산허리
눈부신 햇살 기운 받아 새싹 움트고
오고 가는 길손 맞는 산장에는
저마다의 이야기 거리가 추억이 된다.

아픈 역사 모진 바람 이겨낸 너를 보며
돌길 따라 새겨가는 인생 여정
자연을 벗삼아 발걸음 내딛으며
내 마음 너를 통해 위로 받는구나.

또 바람이 불면 부는 대로 살다가
그 작은 바람 이기지 못하면
언제나 처럼 어디에서든 가고픈 곳
사철나무 진달래 향기로 꽃 피어가는
이 길을 회상하며 내 삶을 사랑하리.

부모님 사랑

갖고자 한들 다 가질수 없었던
주지 못하고 받았던 사랑
생각에 잠기면 눈앞에 와있고
마음으로 살아나는
그리운 사람이 있습니다.

떠나시던 그날 안녕으로 손짓하며
삼오에 백설이 되어서 오셨지요.
지금도 함박눈 내리는 날이면
어머니 향해 빨리오라 보채시며
당신의 사랑 기약하고 고이 잠든
그모습 그리워 눈물납니다.

하루 이틀이 아닌 수천날을 더살며
인생길 굽이 굽이 버팀목으로
빈자리 채워주던 살아 생전 모습
순간 순간 용기주는 힘이되었죠.

서로의 흔적만을 남기고가는
미로 같은 나그네 길 인생
내가 이 세상에서 간직한
최고의 보물 그 사랑 남겨주려
지금도 제가 존재하는 이유입니다.

통일 전망대 에서

한강 임진강 넘나들며 오두산 돌고 돌아
남북을 잇는 역사의 흔적이 애처로워
오늘도 삼각주 위로 기러기 날아가네.

오랜 시간 기억하며
그리움 쌓여가는 한숨소리
동포의 설움을 알았기에
힘이 들고 아파와도
새싹으로 희망을 열어주는
봄의 속삭임을 기다립니다.

너와 나의 사연이랑
가슴속에 묻어두고
참고 참아온 통한의 70여년.

본향 찾아가는 기러기 꿈이 되어

흐르는 물길 따라

마음속 조각배 띄워

민족의 숙원인 통일을 기원합니다.

올챙이 부부

스스로 저지른 일
스스로 잘했다 우겨대고
스스로 만드는 올가미가 된다.

언제 그랬어 타고난 성품이야
고치지는 않고 잘났다고 들이대다
오늘도 결국 후회로 끝난다.

다시 오지 않을 세월
사랑이란 단어로 하루를 살지만
꺽이지 않는 자아는
내 삶을 어디로 몰고있나?

익은 만큼 겸손해지고 성숙해지자
표현하는 삶으로 존중하고 살자
어제 했던 다짐이다

살아온 시간이 속도를 더할 때
나의 삶의 속도를 조절하는
현실이라는 단어 한 마디

흔히 듣지만 표현하기 힘든
내일을 행복하게 이어갈 말들~들
다시 기억하며 사랑의 내일을 준비한다.

화왕산의 가을

해가 서산에 기울기 전에
동쪽 하늘에 이미 달 오르니
화왕산 절경 입벌린 정상에
시간이 잠시 멈추어 선다

오백 년간 들려오는 소리없는 외침
홍의 장군 곽재우 얼을 품어
갈대가 속삭이듯 전하여주는
이 고장의 아름다운 역사 이야기.

창녕 고을 바라보며
지금도 여운으로 다가오는
그 충절 그 기백 잊지 않으리.

마른 풀잎 뒹구는 낙엽
역사의 흔적은 아니보이고
늦 가을 바람으로 말을 하는
당신들의 그 함성 큰 외침
가슴으로 듣고 살아갑니다.

거울

거울 속 하늘을 본다
또하나 펼쳐지는 새로운 세상
마음으로 그림을 그려
창공에 조각배를 띄운다.

3월의 자연은 미래를 준비하는 계절의 여정
4월은 인내 속 베일 벗는 산야들의 축제
5월의 여왕은 희망의 내일을 준비하리니

교차되는 혼돈 속
흔들리는 시계추에 길을 묻는다

인생은 들떠 있는 소풍길
아침으로 희망을 노래하며
낮으로는 채워 갈 앞날을 계산한다.

남아있는 여백은...
거울 속 비쳐지는 내 삶의 자화상

해답 없는 공간 속
시간의 연륜으로
영혼을 노래해 가리니

파아란 창공에 거울 속 조각배 띄워
내일의 비전을 아름답게 펼쳐 가리라.

해운정에서

2월의 햇살은 바다로 향하고
하늘과 바다가 맞닿은 수평선 끝자락
어렴풋한 그곳에 대마도가 보이네.

여유로운 듯 분주한 아랫마을 청사포구
기찻길 지킴이 해송이 홀로 반기네.

불러낼 사람 별로 없고
만나줄 여유 없는 교착점 인생 칠십
가는 세월 만큼 잊혀지는 친구들
너울대는 파도 속에 지난날 묻혀 가네.

아름다운 추억일랑
해운대에 남겨두고
달맞이 길 돌고 돌아
동백섬 꽃향기 벗하며
걸어나 보자.

천 년을 더듬어
해운정이라 이름 붙인
해동공자 최치원 선생이
사랑하던 그 길에서
오늘 나 또한 위로받는다.

삿갓봉

낮은 산 넓은 들 한눈에 바라보고
스무 구비 돌고 돌아
오늘도 수많은 사연 가슴에 안고
그 자리에 서 있구나!

한달음에 달려 간다 해도
채워지지 않는 삶의 한 모퉁이

길게 돌아 멀리멀리
지나간 추억이랑 푸념이나 해볼까?

친구여 어린 시절 그대들의 노래여
은행나무 땀띠물 수많은 소꿉놀이
지나간 삶의 흔적 실타래 풀어놓고
너와 나의 이야기랑 잊혀진 세월 찾아
가슴을 열어보자.

우리 다시 손잡고 동반자 되어
변치 않는 모습 그 사랑 나누며
새날을 기약하고 영원한 벗되어
내일을 희망으로 채우어 가리.

희망의 날들

오늘도 잘 사세요
하루를 시작하는 문안 인사
살아가는 모습이 매일매일 달라도
내가 나에게 습관처럼 속삭이는 말

잘 지내고 있습니다
주어지는 삶이 그런 대로 잘 가네요
마음속에 간직하며 내가 나에게
무언으로 하는 격려의 한 마디

창가에 찾아드는 햇살을 벗하며
커피 한 잔이 주는 여유
실개천 따라 계절을 알리는 풀내음

별빛 모아 만드는 예쁜 이야기
스쳐가는 모든 것이 추억이 된다.

나만의 시간으로 내일을 만들고
넉넉함으로 채우지 못하지만
내 삶의 사랑의 지혜를 배우며
오늘도 존재해 가는 이유.

요양원의 뜰

꽃을 보며 희망이 자랍니다
당신의 추억을 저장하는 곳.

살아온 흔적만을
아름답게 간직하며
행복이 머무는 공간
오늘도 잔잔한 미소로
그 말을 대신합니다.

자연스레 돋아나는 새싹으로
오늘의 삶이 위로가 되고
평안이 이끄는 이곳에
행복을 초대합니다.

산속을 오가며 반기는
다람쥐 산새 고라니의 휴식처
철 따라 변하는 자연이
아름다운 소식을 갖고 옵니다.

살아온 지난날이 그립고 그리워
파도처럼 밀려올 때면
마음속의 사진 한장으로
이 뜰을 거닐며
추억을 저장해 갑니다.

영남 알프스 4계

하늘을 지붕 삼아 구름 능선 만들고
여덟 봉우리 봉우리 사연 엮어
한마음으로 친구가 되었다네.

영축산 바라보며 진달래 붉게 물들어
경이로운 계곡과 자연의 조화로
영남 1경을 자랑하고픈 원효산 천성산 자락
새록새록 돋아나는 새싹이 봄을 알리네.

알프스 제1봉 가지산 친구하는 운문산
간월산 재약산 천왕산 밀양땅 젖줄이 되고
어름골 호박소 청수골 계곡에는
더위조차도 외면하고 비켜 가는구나.
협곡을 쪼개 만든 가마불 폭포 찾아
나그네 한숨 돌리고 쉬어간다네.

사자의 형상을 닮아 사자평인가?
40만평 억새풀 찾아 모여드는 등산객
무리무리 모여 가을의 향연이 연출되고
파래소 폭포 출발한 물줄기
배내골 오십리 달려 밀양댐 만드네.

신불산 산사에 청아한 풍경소리
겨울을 준비하는 천년 고찰에는
수도승의 발걸음이 분주하구나.
통도사 목탁소리 중생을 달래며
까치 무리 넘나들어 한해를 보낸다.

들국화 人生

만추의 쓸쓸함이 낙조에 머문다.
애처로이 그리움을 간직한
하루의 여정은 그림자를 이끌고
저녁 노을 벗삼아 서편에 걸치었구나.

무서리 내려 황량한 들판에
시간을 붙잡는 너의 존재가
황혼의 사연을 바람에 실어오누나.

지금을 살아가는 내 삶의 미소는
어디에 흔적을 남기고 있는가?

알맞음에 만족 할 줄 알고
내일을 희망으로 닻을 올리는
내 모습 사랑하며

노랗게 피어가는 너로 인해
오늘도 내 삶의 노래는 감사와
축복으로 열매 맺으리라.

잊혀 가는 세월

살면서 마주치는 많은 일들
기억이 가끔씩 없어져
내 안에 나를 놓칠 때가 있다.

고민 걱정 근심거리로
힘들고 가슴 아픈 일들
행복했던 지난날을 추억하며
자지러지게 웃으며 살자.

새로운 만남 만남으로
새로운 사연 만들어 가지만
새로운 나 또한 묻어나서
사랑받는 내가 되게 하소서.

삶의 뒤안길은

내 삶을 지혜로 풀어가는

길고 긴 소나타 협주곡

오늘을 사는 내 모습

사랑의 노래 부르게 하소서.

겨울 꽃

보내는 정 다시 솟는 사랑
하이얀 눈송이가 자연을 어루만진다.

누가 가족을 눈송이라 했던가?
눈은 하늘에서 따로 내리지만
땅에 떨어지면 한덩어리가 되어
같이 얼어 붙는다.

얼어 붙은 응결체에
내 마음의 사랑을 심어가자
인동초의 꿈이 현실로 승화하는
자연스레 피어나는 행복의 꽃.

오늘도 나는 그 길을 가고 있다.
가족과 이웃 이 세상에 존재하는
모든 것을 사랑함으로
나만의 꽃밭을 일구어
아름다운 열매를 맺기를 소망하며...

부산을 추억 하노라면

부산을 추억하노라면 아름다움이 있습니다.
긴~ 도시의 여운 속에 스쳐간 세월들
시간은 멈추어서고 가슴에는 그리움이 쌓여가죠

부산을 추억 하노라면
나만의 아픔이 존재하고 고독이 스며듭니다.
정답던 이웃들... 삶을 나누던 믿음의 형제들...
사랑어린 그 순간이 아쉬움되어
어느새 눈시울은 붉어져가죠.

부산을 추억 하노라면 고향을 연상하는
향수가 있습니다.
23년 긴~ 삶의 계단을 하나하나 높여가며
지치고 굴곡진 그늘이 길어질때 태양을 갈망하는
해바라기 꿈이되어 그곳은
내 삶과 영혼의 안식처이곤 했습니다.

부산을 추억하노라면

잊혀져가는 지난 세월들이

앨범속에 깊숙이 묻혀가는 현실이 못내 아쉽습니다.

광안리 해운대 태종대 달맞이길 영남 알프스....

그곳에 차곡차곡 쌓여져 내 삶이 더해지는

연륜의 꽃은 지금도 시들지 않는

믿음의 꽃으로 활짝 피어가고 있습니다.

담쟁이

양정 국민학교 4의3 곽민정

우리 집 담에
쭈욱쭉 뻗은
파아란 담쟁이

여기 붙을까?
저기 붙을까?

하늘인지도
담인지도 몰라요.

하루 자고 나면

또 키가 커지고

저러다가...

하늘 끝까지 오르겠네.

수출의 날

문을 열어라!
그렇다 문을 열어라
겨레여 문을 열어라
그곳에 우리의 하늘이 있고
희망이 있고
내일의 행복이 있다.

소리 없이 역사를 창조해가는
동방의 등불 코리아
가슴을 활짝 열고 나래치며
내일의 꽃을 피우는 민족아!

신념으로 미래를 만들고
사랑으로 연합을 이루어
삶을 개척하는 무한대로 질주하자.

오늘도

그대의 열정과 노력이 내일을 열어간다.

고난 속에 피어나는 아름다운 사연들이

이 나라의 영원한 번영의 초석이 되어가리.

(1970년 수출의 날 백일장 여주군 운문부 대상)

사랑하면 행복합니다

하나님을 바라보고 사랑하면
힘겨운 삶에 지칠 때 위로받고
모진 바람 이기는 힘이 됩니다.

이웃을 내 몸같이 사랑하면
나를 포기할 줄 알고 섬기며
내 가슴 털어내고 채워가는
열매 맺는 보람이 있습니다.

가족 간의 깊어지는 사랑은
서로의 마음 공간 공간마다.
예쁜 이야기 만들어 가며
하루를 기쁨으로 열어갑니다.

남녀가 서로 사랑하면
애틋한 그리움의 연속입니다.
껍질을 벗기고 벗겨도
같은 모습만 보이는 양파처럼
변치 않는 사연이 존재합니다.

내일을 준비하고 사랑하면
꿈을 꾸는 즐거움이 있습니다.
희망으로 하루를 시작하고
가슴으로 느껴가는 아름다운
사랑이 같이합니다.

비전빌리지의 아침

아침 햇살 수줍게 다가오는
영혼의 쉼터
숲속의 기다림으로
하루가 열린다.

이슬 젖은 나뭇잎과 가로등 불빛
이렇게 찾아와 내 안에 머물 때
아무 말 없어도 아무 손짓 없어도
느껴지는 주님의 사랑

그 누구의 사랑이 곱다 한들
이 만큼 아름다울 수 있을까?

오늘도 따사로운 햇살 받아

온누리에 향기 날리며

작디 작은 홀씨 되어

바람 따라 흩어지고

사랑의 열매 맺게 하옵소서.

희망의 노래

파주로 출근하는 새벽길
아침 향기 무지개 되어 햇살을 가른다.

자연은 시간에 묻혀
새 노래를 부르고
마음속 희망은 나래를 피며
축복으로 사랑을 노래한다.

공간을 헤매던 미지의 세계는
떠오르는 태양을 가슴에 안고
하루의 비전을 잉태해 간다.

스치는 차창가
또다른 세계로 여행이 계속 된다.

남북을 동시에 웅비한
오두산 통일 전망대
그너머 존재하는 또다른 형제를본다.

따로따로 움직이는 두 개의 시계추는
시대의 역사를 왜곡 시켜가는
이 민족의 아픔으로 남는다.

어제 오늘 그리고
영원하리라 여기는 내일
똑같은 것 같지만 해답이 다른
매번 다르게 다가오는 일상적인 만남
그 안에 존재하는 창조주의 세계를 바라본다.

시작은 미래를 위해 준비하는 것
내일의 결실은 오늘의 노력으로 열매맺는 것
영원한 진리의 세계는
하나님이 주시는 특별한 선물
그 사랑에 감사하며 하루를 기쁨으로 열어가리라.

동행

초록의 20대에
그대를 만나
인고의 연륜을 더한 지
어언 40여년
무상한 세월 속에
얼굴에 잔주름은
하나 둘 더해 가고
이제는 미소조차
세월을 닮아가는구려.

그대 마음속 내가 있고
내 마음속 그대 있거늘
오늘의 삶이 고달프다 한들
어찌 우리의 사랑에
흠집 낼 수 있으리요.

서로의 진실을

사랑으로 포용하여

세월만큼 영글은

그대 가슴 깊이

내 마음의 전부를 주고파

오늘도 두 손 모아 기도합니다.

하나님 어느 새

하나님! 자신만만한 연륜으로 서른살 되던 해
저는 두 남매의 어버이였습니다.
몸은 성숙하고 의욕이 현실을 앞서가는
불확실하나 건강한 비전을 잉태한 어른아이였습니다.

하나님! 이제 다시 서른 해가 흘러
큰딸 아이가 축복속에 가정을 이루고
경험하지 못한 세상을
바라보고 나아갑니다.
순탄할 수 없는 안개 속 인생여정 등불되신
주님의 사랑이 항상 머물기를 기도합니다.

하나님! 서로 같은 목적을 가지고 가정을 가꾸어가는
그런 부부가 되도록 인도해 주소서.
사랑은 삶의 길동무로 오손도손 나눌 때
행복이 쌓여가리라 기대하기 때문입니다.

하나님!
늦은 시간 찻잔을 들고 마주앉아
할말이 많은 부부가 되기를 소망합니다
육신의 피곤함도...
여운이 남는 삶의그늘도...
서로가 이해하고 눈빛만으로
대답을 알수 있는
그런 부부가 되게 하소서.

하나님!
주님의 은혜로 언약을 주신 이 가정에
복음의 소식이 끊이지 않기를 기도합니다.

형제와 이웃에게 기쁨을 주는 사랑의 순례자로
일평생 주님과 동행하게 하소서!

한글날

이 나라 암흑에 해가 돋고
감기었던 눈이 떠지던날
크고 바르고 하나밖에 없는
스물 여덟 자 주옥에 어린 그님의 얼
우리의 태양이어라.

충용한 젊음의 기개를 펴고
민족 정기의 숨결을 가다듬어
가슴으로 지혜를 심어주는
소리 없는 함성.

그날의 외침은
지금도 메아리로 남아
역사의 중심에서
민족의 창의력을 선도하는
문화와 소통의 주관자로
오늘을 이끄는 원동력입니다.

지금도 숨쉬 듯 다가오는

당신의 사랑은

우리의 호흡이고 자긍심이며

언약이 있는

내일을 밝히는 태양으로 빛납니다.

(1969년 여주농고 교내 백일장 장원)

여주 팔경

자연을 자산으로
사람을 사랑의 대상으로
물줄기 굽이굽이 남한강 틀어
향수 어린 봄향기 5월을 노래한다.

신륵사 종소리 충절의 지킴이로
마암어등 추억의 사연 담아
영월루 기암 괴석 강물에 드리우네.

도자기 마을 옛 학동에는
도공의 흔적이 이야기로 말하고
강건너 여주 고을 양섬에는
낙조의 향연이 기러기 꿈이 된다.

오백 년 조선을 그리움에 묻은
세종 효종 두 성군의 발자취
소쩍새 소리로 가을 밤 잠재우며
송림숲 오솔길 지난날 묻혀가네.

이포나루 삼한의 역사의 흔적
파사성 망루 소리 없는 이슬비
아련하게 들려오는 이 고장 숨은 이야기
한양 땅 서울에 소식을 알리네

오늘도 숨쉬 듯 다가오는
지난날의 외침 그 함성
황포 돛배 포구에 사랑을 싣고
민족의 얼을 이어주는
역사의 현장으로 말을 하네.

삶의 예찬

그대 인생의 짐이 무겁고
마음이 한없이 공허할 때
당신의 가장 가깝고
힘든 영혼을 위해
사랑의 기도를 해주세요!

당신은 알고 느껴갈것 입니다.

얼마나 삶의 무게가

가벼워지고 달콤해 지는지...

생명의 빛 예수

방금 검은 장막에 여운을 담고 온
외로운 기원은 가득했는데
머언~ 태고의 소식을 그리스도의 얼에 심은
조용한 기쁨에
초록빛 창가에는 찬송이 피어납니다.

아름다운 찬양이 사랑으로 승화하여
가슴으로 밀려오는 해 저무는 12월
보내야 하는 아쉬움에 머뭇거리며
흩어지는 한 해를 추억으로 보냅니다.

낮고 낮은 말구유에 누우시어
하늘 아버지의 희망으로 오신 주님!
사랑의 전달자로 순종의 본이 되신
그 모습을 그리며
영원한 소망을 잉태하게 하신
주님을 바라봅니다.

인자의 모습은
섬김의 근본이 되셨고
말씀으로 창조하신 세상은
독생자의 영광을 버리고
죽음으로 부활의 생명을 주고
구원의 통로를 완성하셨습니다.

우리의 소명이 된 희망의 메시지
열방을 향한 사랑의 노래
복음의 씨앗으로 열매 맺어
세상을 변화시키고
흩어지는 홀씨되어
내일의 하나님 나라 완성되도록
인도하옵소서.

(2016 양지 온누리 크리스마스 이브 오프닝)

삶의 여울목에서

아름다운 사람들과 자연이 어우러져
천국을 향한 소망이 피어나는 이곳
조용히 고개숙여 주님을
불러봅니다.

주님은 주관자
우리는 축복의 통로
긍휼을 베푸시는 하나님의 어린양
그~사랑 안에 모두모두 하나되어 갑니다.

우리는 영과 육이 하늘에 속한 사람들
억눌림에서 자유함 받고
지치고 힘들때 위로 받으며,
소외된 이웃을 향한 사랑의 손길을 멈출 수 없어
하나님 나라를 바라보며 실현해 갑니다.

가인을 잊지 않으시고, 유다를 포기하지 않으셨던
그 사랑은 무한합니다.
삶의 목적을 어디로 정하느냐에 따라
마음의 평안과 영혼의 안식처가 내일을 열어줍니다.

천국은 예비된자만의 축복의 통로
그 꿈을 준비하는 자
하나님의 자녀되는 축복이 있습니다.

주님은 오늘도
손짓하여 우리를 부르십니다.
내 양을 치라. 내 양을 먹이라.

그 부름에 순종하여 열방을 향한
비전은 오늘도 나래를 펼쳐갑니다.

(2017 양지 온누리 크리스 마스 이브 오프닝)

40일의 새벽을 열며

꿈길을 방황하던 미로의 시간
육신의 연약함을 떨쳐버리고
새벽길 재촉하는 발걸음이 가볍다.

영혼의 외침이 내면으로 속삭여온다.
세미한 주의 음성 갈망하며 무릎 꿇으니

조용히 흐르는 침묵의 시간
성령의 임재를 내안에 느끼며
주님을 바라보는 간절함이 더합니다.

구원의 생명을 잉태하게 하소서
영혼의 갈급함을 주께 부르짖으오니
그 음성에 주님의 응답을 주소서.
말씀으로 사단을 물리치신 능력을 행하사
구원의 통로를 바라보게 하소서

순종의 의미를 깨달아 지키게 하소서
주님의 방법대로 삶의 결실이 이루어지고
나의 영혼이 치유되도록 응답하소서.

이몸을 온전히 주님 회복하여 주옵소서
내삶을 정화시켜 주시고
영혼을 깨끗하게 인도하사 건강한 헌신으로
이웃과 가족에게 참사랑을 실천하게 하소서

주님나라 소망하며 무릎꿇고 기도합니다.
나의 주권자되신 주님을 영원토록 찬양하리이다.

비

하늘과 땅 그리고~
그것을 연결해온 여호와의 전사

태초에는 혼돈 속 궁창으로
노아의 방주때는 하나님의 섭리로
오늘은 자연을 포용하는 부드러움으로
우리의 이웃이 된다.

봄은 기다림으로 생명을 잉태하고
여름은 그를 맞이하며 갈증난 허기를 채운다.

때로는
우리에게 모질게 다가오고
어느순간 우리를 감싸안으며
동반자로 친구가 되어감은

이 세상에

존재할 가치와

가야 할 여정

해야할 약속

나누어 열매맺는 아름다움으로

모두를 품을수 있는

그의 다양함에 삶의 지혜와

주님의 사랑을 배워 간다.

12월의 기도

사랑의 주님!

달력 한 장을 뜯어내며
숨 가쁘게 달려온 한해를 돌아봅니다.
올해 첫날을 준비하던 그 마음은 어디로 갔는지
좋았던 일보다는 힘들었던 일
건강했던 날보다는 아팠던 날들 때문에
감사보다 불평과 원망이 많았습니다.
이웃을 돌아보며
섬기고 나누며 살아야 할 것은 알았지만
나만 보고 살기에 바빴습니다.

따뜻한 사랑의 위로와 격려를 받았고
친절함과 보살핌 풍족한 것으로 채워 주셨지만
나의 마음은 감동 없이 살았음을 회개합니다.

용서해야 용서 받을 수 있는
천국의 법을 알았지만 용서 못한 일
사랑하지 못한 행동
모두모두 용서하여 주십시오.

희망의 주님!
이제 우리에게 주시는 새로운 한 해.
하나님의 사람 순종으로 살아가는
지혜를 주시고 희망찬 한 해가 되게 하소서
섬기고 나누어 평화를 만들어 가고,
감사와 사랑이 넘치는 한 해가 되게 하소서.

평화의 주님!
우리 모두에게 낮은 자리로
겸손히 오시는 주님을 찬양합니다
평화의 왕으로 오시는 예수 그리스도
사랑의 인도자로 구원 주심을 소망하며
순례의 여정을 기쁨과 순종으로
살아가며 실천하도록 인도하소서.

새해의 노래

하늘이 하루를 여는 고요의 시간
웅비하는 태양의 숨결이
내 마음을 사로 잡는다.

노송 사이로 수줍은 듯 다가오는
햇살의 청초함이 아름다운 선율되어
해맑은 모습으로 자연을 노래하누나.

자연과 공간 열린 세계가
창조의 기쁨으로 이어지는 아름다운 조화
혼돈의 무질서가
순종으로 새 날을 맞이한다.

아픔만을 간직하고
고통과 후회로 이어진
지난밤의 기억들이
하루를 여는 기도로
숙연해진다.

모두를 품으며 모든 것을
주님이 주신 마음으로
사랑하게 하소서.
사랑하게 하소서!

소풍

아름다운 봄이다
벗꽃이 화사하게
우리의 마음을 녹이더니만
오늘은 한강변에
유채꽃이 화려하게
내 상념의 끝을 터치해 온다
천상병 시인은
인생의 여러 가지
여정길을 소풍으로 비유해
그길에 의문점을 던져주고
많은 생각을 하게하였다.

계절의 변화 따라 변해가는 자연에도
하나님의 섭리는 우리에게 때로는 아름다움으로
침묵으로 외로움으로 다가와
희노애락을 느끼게 한다.

우리의 현실의 삶은
궁극적으로 이 세상에서
하나님의 나라를 실천해
가는데 있다.

the Passion of the Christ 에서도 보았듯이
주님께서 우리의 죄를 감당하기 위한
십자가의 행진은 상상할 수 없는
인내와 고통의 연속이었다.

그후에 우리에게내린 축복은
동일한 통로를 통하여
하나님의 자녀 삼으라는 지상 명령이셨다.

어렵고 힘든 현재의 생활이
내 영혼의 살이 찌고 기도로 이어져
주님을 닮아가는 삶이 되기를 소망해 본다.

봄날의 수채화

시간을 재촉하는 향기가
뜰안에 새싹으로
피어 오른다.

흐르는 한강수 물결일어
노랫가락 되어 흐르고
수평선 달음질하는 고속열차
스쳐가는 하루를 재촉 하고 있다.

멍에를 짊어지는 일상의 모습에
안식은 마음으로 머물고
나래 펴는 염원은 육신의 기지개를 켜본다.

잠에서 깨어나는 상춘의 설레임은
아지랑이 되어 춤을 추는가?

자연의 소망은 밀어로 계절을 노래한다.

노오란 속삭임은 앞산에 개나리 되고
발그레한 수줍음은 뒷산에 진달래 되어
침묵 속 꿈을 피우는 목련의 단아함이
내 마음의 비전으로 잉태되어
희망으로 봄날을 채우며 열매 맺어가리라.

머물고 싶은 순간

한강변 자전거 도로는 물결 따라 길게 수평을 이룬다.
둔치에 물들어가는 코스모스 청아한 자태가 고향을
그리는 향수되어 피어 오르고

지난밤 스쳐간 태풍 뒤에 오는 마알간 햇살이
감미롭다.

풍요와 번영을 약속하는 가을의 매듭 매듭 마다
축복된 삶이 안식되어 아름다움이 머물고 간다.

원을 그리며 하늘을 맴도는 고추 잠자리의 정겨움이
꿈을 키워가는 자연의 수채화로 허공을 수 놓는다.

하루를 잠재우는 낙조가 못내 긴~그림자를 드리운다.

우리의 이상은 한 조각 구름으로 석양의 돛을 단다.

시름섞인 생활에 비전의 나래를 펴자

육신의 정욕, 안목의 정욕, 이생의 자랑도
어둡고 그늘진 구석구석 밝혀 갈
사랑으로 환하게 비추어 가자.

희망을 품는 자 결실을 맺으리라.
밀알은 썩어져 새 생명으로 잉태하고
피어 오르는 새순의 강한 생명력은
우리 마음의 기원을 아름답게 열매 맺어 가리라.

내 마음의 무지개

올해도 쉬지 않고 찾아온 12월
오늘도 정교한 하나님의 시계는
가슴속 연륜을 흔적으로 남기고 간다.

소망은 지경을 넓혀 쉼터를 만들고
부모님 품을 희망으로 안식하던 어린시절
나는 한마리 꿈많은 망아지 였다.

한적한 시골길은 소박한 꿈이 머물고
밤하늘 별을 세고 담는
마음속 공간은 비전의 나래를 펼치어 갔다.

젊음의 꽃이 사랑으로 아름답게 물들고
그 푸르름이 내 마음을 적실 때
고뇌하던 세월의 뒷곁은
마음속에 무지개가 아름다운 수를 놓는다.

모두를 주고 받을 수 있는
하나님 사랑으로 존재하는 참 진리는
무릎꿇는 청지기 모습으로 나를
변화 시키어 간다.

조지뮬러처럼 응답 받는 기도가 없어도
야곱처럼 교활한 믿음으로 주님께 나아가도
어제나 오늘이나 동일하게 응답해 오시는 주님

때로는 슬픔이 기쁨되게 축복을 허락하시고
연단을 통하여 성숙을 선물로 주시는 주님
예비된 천국은 이 세상 하나님 나라 실현에 있음에
오늘도 순종하며 세상을 바라봅니다.

삶의 뒤안길

인생의 하반부를 거닐며 축배의 잔을 들어 본다.
아름다움과 화려함은 뒤로 감추이고 흔적만큼
드러난 세월의 미소는 감추인 연륜을 대신한다.

어린시절 해맑은 동심은
가난을 스승으로 인내를 배우고
꿈많은 유소년의 이상에는
비전의 기대치가 현실을 아픔으로 채워갔다.

하나님의 섭리로 이루어 가는
작은 천국의 소망에서 가정은 태어나고
아담과 이브, 가인과 아벨의 양면성은
극복해야 할 우리의 모습으로
무릎꿇는 청지기로
겸손과 순종을 배웠다.

세상을 다 안을 것 같았던 젊음은
어느새 작은 가슴이 되고
허기진 심령은 세상의 방법이
사단 이었음은
영원한 진리로 나에게 다가와
나는 천국의 작은 시민으로 태어난다.

주님의 축복 속에
주님의 사랑으로...

아름다운 날 아름다운 삶

가을의 싱그러움을 품고 문을 여는 9월의 첫날은
작은 가슴속에 행복이 움터온다.

유난히 더웠던 여름을 보내며
식물들은 창조주의 은혜로 인해 얻은 축복을
그 어느해 보다 우리에게 풍요로움으로
돌려주기를 기원해 본다.

살아 있는 순간순간
하나님의 섭리에 감사와 찬양을 드린다.
부족한 부분을 골라 채워주시고
고난 중에도 길을 인도 하심은
주권자의 사랑의 표현인 것을...

요셉이 그러했고 다니엘이 꿈 꾼 것처럼
이 세상의 폭을 보기보다는

하나님 나라의 이상을
보는 내가 되기를 기도해 본다.

색이 아름다운 열매가 먹음직스럽고
태양의 혜택을 많이 받았음은
주님의 특권적인 축복이다.

우리 인생의 여정 또한 아름다운 열매가 되어
주님 앞에 평가받는 귀한 존재가 되기를 기도하며
믿음으로 실천되기를 기원해 본다.

아름다운 여정

아침 여섯 시 간밤에 내린 눈으로 사방이 눈이 부실
정도로 아름답다. 하나님의 섭리 속에 자연은 우리에
게 아름다움을 선사하는구나 생각해 본다.

어제 저녁 출판 신우회 모임에서 형제 자매들과 찬양
과 기도로 사랑 안에서 하나임을 확인하고 멀리
공주 유게교회에서 어김없이 참석하여 말씀을 증거
하시는 최병엽 목사님의 빛으로 오신 예수님 이란 말
씀이 새롭다.

인생의 뒤안길은 늘 외롭고 쓸쓸하지만 우리에게는
빛의 구원자 예수님이 계시기에 고난속에도 행복을...
실패중에도 좌절을 딛고 소망을 갖게 됨을 확신하게
된다.
어느 목사님의 설교에서 생명은 생명을 사는데써야
한다는 말씀이 기억난다.

인생의 목적을 어디로 정하느냐에 따라 사람을 살릴
수도 있고 죽 일수도 있다는 귀한 말씀,
돈을 사랑하면 아스팔트 길은 걸을수 있지만
영생의 좁은문 과는 거리가 멀어질 수밖에 없다신다.

하나님은 인간을 만드실 때 지금처럼 복잡한 세상에
서 많은 생각을 하고 욕심을 채우고 죄악을 잉태하게
하지 않으셨다.

우리의 욕심에서 모든 것이 시작되고 그 끝은 영혼의
파멸과 지옥의 형벌이다. 그러나 우리의 구원자이신
하나님은 예수님을 통하여 문을 두드리고 열어주시고
기다려 주심을 생각해 보자?

수십년의 인생 여정을 주님이 가르쳐 주신
이정표 대로 방향을 설정하는 믿음이 우리에게는
필요하다. 사랑과 믿음의 실천만이 아름다운
여행길의 진정한 벗이라 생각한다.

내가 나에게

아름다움과 쓸쓸함이 교차되는 만추의 고뇌는
고개숙인 연륜만큼 내 생각의 언저리에 머물고 있다.

시작이 있어 좋았던 순간들이
이제는 또 내일을 준비해야하는
머무름 으로 망설이는 순간이 오고

욕망의 끝에는 죄악이 잉태되는 첫 출발을 지켜보며
우리 주님은 실타래 같은
인생사를 풀기 위해 우리에게
모두를 주시고 자신을 화목제로 삼으셨다.

그 소중한 비전의 시작에는
아버지이신 하나님의 눈물이 있고
우리에게 베푸시고자 하는 사랑의 무한성이
존재함은 내 가슴의 열매이자 확신으로 세상에
전해야될 소명임을 느껴본다.

가을의 끝은 풍성한 결실로 풍요롭지만
그 내면에는 내일을 준비하는 새생명이
시작되고 있음을 깊이 묵상해본다.

우리의 인생사 또한
세상의 사랑의 씨앗을 끊임없이 공급하는
단비같은 역할이 되도록 기도하며
살아야겠다.

여름을 맞이하는 시점에

태양은 하루를 삼키듯이 한낮에 머물고
순간이란 의미는 용광로를 데우며
시간을 잠재워 가고 있다.

우리의 삶은 그 질곡의 그늘에서
섭씨 35도를 뛰어 넘는것 만큼이나
힘들게 힘들게 헉헉 거린다.

어제는 평안이었던가?
내일은... 또 희망은 존재 하는가?
아니 그것은 보이지 않는
인생의 욕망과 죄의 더하기 일뿐
사랑을 품고자 하는 희망도
사랑을 주고자 하는 기쁨도
미래와 현실의 차이와 착각의 반복임을...

내안에 찾아 오시는
그분의 존재로 평안이 느껴지고
영성이 플러스되는 귀중한 만남을 통해

나만의 사랑이 잉태되고
존재와 가치가 본질을 찾으며
순간을 축복으로 바꿔주는
귀중한 열매로 결실되리라.

삶의 기도

주님 어느덧 가파른 나이
칠십이 되었습니다.
인생을 세어가다보니
당신을 향한 노래가
삶의 전주곡이 되었습니다.

나를 교만으로부터 치유하시고
연단을 통하여 당신을 바라보는
기쁨을 알게 되었습니다
겸손으로 순종하라 하시니
무릎꿇는 은혜가 더해집니다.

자녀된 삶을 믿음으로 받아
전부를 드릴 수 있도록
인도하여 주소서.

이웃을 품을 수 있는 사랑
일할수있는 삶의 공간
사랑 할 수 있는 가족
벗들과 함께하는 인생의 노래
기억하며 감사가 넘치게 하소서.

주님을 찬양합니다.
당신이 주는 평안에
내일을 여는 지혜의 숨결이
삶의 열매가 되도록
기도하며 주님을 바라봅니다.

소나무

가랑잎 뒹구는 한적한 오솔길
산새들 넘나드는 계곡에는 고요함이 흐른다.

옷을 갈아입은 12월의 산야
벌거벗은 나무 위로
겨울을 준비하는 다람쥐 홀로 바쁘다.

바람은 스산하여 휘파람을 부르고
이끼 낀 바위 언저리 작은 물방울
햇살받아 무지개 되어 옹달샘 이룬다.

의지로 세월을 인내하는 푸르른 소나무
변함없는 지혜와 교훈은 내 삶의 스승이 된다.

한 해를 추억하는 아쉬움의 날도
미래를 준비하는 희망의 노래도
겨울의 연가로 언제나 변치 않는
청솔의 의미를 가슴에 안으며

시간도 쉼을 찾는
이 자연의 평화로움이
세상의 소망이 되기를 기원해 본다.

귀안골

겨울 마른 가지 옷 바꾸는 봄날
쭉뻗은 마감산 능선위로
햇님이 뿌우연 안개를
쫓아내고 동쪽이 열린다.

반십리 고부라진 길 따라
헌 운동화 끌고 오가던 길
할머니 나그리워
산허리 중턱에 진달래꽃 피우셨네

세월의 나이를 어떻게 말할까?
지금도 시시때때 다가오는
추억 속의 당신만의 인자한 모습
그속에 감추어지고 간직해온
아련한 옛 이야기들

님이 실천한 특별한 사랑
고운 마음 부여 안고
그 때 그 모습 떠올립니다.

사랑하는 이여!
문득 문득 멈추듯 다가오는
내삶을 노래한 어릴적 사랑살이
홀로 핀 물망초 꿈이 되어
내일을 디자인하는
소망으로 자라가게 하소서.

가을의 흔적

낙조가 물드는 한강변 삼각주
가을의 속삭임이 강가에 머문다
하늘을 가로지르는 기러기의 행렬이
고즈넉한 석양에 그림자를 드리운다.

산은 산대로 여울지듯 바다를 향하고
강은 강대로 물줄기 틀어 시간을 재촉한다.

너울지듯 파도치는
갈대의 향연이 교향곡 되어
자연을 연주한다.

들판에 쌓이는 나락은 만추의 소나타인가!
긴~세월을 인내한 농부의 미소가
풍요로운 계절에 감사의 기도를 드린다.

기쁨으로 맞이하는 순간순간이

피곤한 일상의 미련들을

사랑으로 승화하여

희망으로 꽃피워가는

내일을 준비해 가리라.

쉼

5월의 향기가 자연으로 노래한다.

영혼을 깨우는 온누리의 합창이
멈출 수 없는 도전으로 열방을 향하고 푸르러 가는
계절의 숨결이 내일을 준비하는 원동력 되어
무한한 비전을 제시해 준다.

영원한 안내자 주님이 나를 인도하신다.
사랑과 치유와 긍휼을 베푸시는 그 자비하심에
오늘의 평강이 머문다.

내 영혼 안식하며 언제나 주님을 찬양하리니
그대 인생의 짐이 무겁고 마음이 한없이 공허 해갈때
당신의 가장 가깝고 힘든 영혼을 위해
사랑의 기도를 시작하세요!
당신은 알고 느낄 것 입니다.

얼마나 그 삶의 무게가가벼워지고 달콤해지는지...

여름 여행길

8월의 마지막 토요일
아침을 열며 특별한 날이 되기를 기원해본다.

여름의 순간은 갈등과 번민으로 현실을 고민하며 더위와 지내느라...
그렇게 시간의 여운은 허공으로 흩어지며 한달이 다~ 지나가고 있었다. 오늘은 홍천 방향으로 치를 운전하며 가족들과 모처럼의 여유를 즐겨보았다. 늦여름의 정취가 서서히 풍겨오는 자연을 가슴에 안으며 추억으로 지나간 한달을 스크린 해본다. 계절을 비켜간 여름의 중심에서 교우들과 지냈던 즐거운 여행길이 추억해 온다.

이성과 영성이 교차되는 신앙의 공동체는 하나님의 비전이 있었다. 서로의 마음을 들킬새라 조심스럽게 내놓은 마음들이 반전되어 주님의 개입으로 치료되고 케어하며 내일을 희망으로 품었던 순간 순간에 의미가 더해진다.

오랫만에 여행지로 정한 속초 송지호 화진포 용평 강릉에서는 더위를 쫓는 시원함이 마음으로 느끼고 다가왔으며 내마음 또한 동요되어 하나님을 향한 사랑의 노래를 부르는 즐거운 시간들이었다.

오늘 달려보는 경춘 고속도로 100km 이상 질주하는 차창가 밀리듯이 다가오는 주변의 산과들 그안에 숨겨진 하나님의 섭리는 먼 미래를 바라보는 결실로 열매 맺어간다.

계절따라 자연은 창조주에 순종하며 한치의 오차도 없이 우리에게 많은것을 축복하며 선물을 주고있음에 감사한다.

아름다움으로 세상을 품어 가리라 한송이 꽃에도 내일을 여는 희망이있고 우리의 삶은 특별한 존재 가치가 있는것 그 비전을 채워가는 모습에는 주님이 주시는 사랑의 노래는 영원할 것이다.

무제

7월의 하루하루가 추억속에 묻히여 간다 바람도 더위를 부르고 공간속의 희뿌연 먹구름이 장맛비를 재촉한다. 하나님의 축복으로 선물한 자연이 무질서한 인간들의 교만함으로 희생되어 간다. 그럼에도 우리 사회의 소망은 내일을 모른체 살아가고 있다. 어두움 만연된 이기주의 탐욕을 추구하는 우리의 모습에서 인생의 전부를 간단하게 논하자면 돈,섹스,권력 세가지라고 어느 신학자는 간단하게 정리했다. 공감이 간다. 하루앞을 모르는 현실에도 청소부는 더러운 곳을 늘 쓸고있다.

쓸고 어지럽히면 또 빗자루를 들고 구석구석 더러운곳을 찾아서... 그들의 작은 인내와 소망이 이 사회를 씻어주고 치우며 희망을 선물하는 꺼지지않는 작은 불씨로 사회를 지탱해 준다. 시시각각 변하는 뉴스도 대부분 짜증 스럽기만 하다. 암울하고 힘들고 투쟁하며 싸우는 내용이 대부분이다 서로를 공격하고 죽이며 헐뜯는 일로 온통 에너지를 다 소진하는 느낌이다. 모두가 삶의 우선권에 자기 만족만 채우려한다. 아프가니스탄 피납으로 보여지는 기독교의 헌신과 사랑의 실천은 왜! 이방인들에게 멀게만 느껴지는 것일까? 그럼에도 불구하고 우리는 이 길을 갈 수밖에 없는데...

"하나님! 당신의 자녀들에게 축복을 허락하여 주옵소서 하루가 급하옵니다. 피납된 형제 자매들에게 긍휼을 베푸시고 구속한 자들의 회개를 통해 사랑으로 서로 화답하며 좋은 결과가 있도록 인도해 주소서"

우리 모두는 사랑하는데 궁색하지 말자. 한국교회 대각성 100주년을 맞이하여 평양 장대현 교회 그 회개운동을 우리는 기억하고 실천하여야 하리라.

예수님의 사랑은 초대 교회를 아름다운 성전으로 가꾸어 갔다. 그들은 고난 속에도 원망보다는 기쁨으로 예수님만 바라보았다.

2007 아웃리치를 통해 새로운 패러다임으로 한국교회의 희망을 제시해가는 영향력과 리더십에 감사한다.

국내에서 진행되는 문경 BLESSING 일본을 품고 사랑을 노래할 LOVE SONATA 작년에 한 달 간 진행된 평창 수해지역 봉사는 좋은 모델을 제시해 주었다.

한국교회가 이처럼 선교 구제 봉사 복음 전도 등 이웃을 품을때 그들은 우리에게 아름다운 이웃으로 다가오리라.

최근 일간지에 게재된 이어령 씨의 신앙고백을 통해 자아를 돌아보는 중요한 시간을 가져본다. 그의 티없이 맑은 영성은 고령의 나이를 초월해 내 마음속에 잔잔한 감동을 던지어온다.

여기 글 일부를 소개한다.

하나님! 당신의 제단에 꽃 한송이 바친 적이 없으니 잘 기억하지 못하실 겁니다. 그러나 하나님! 이 모든 사람이 잠든 깊은 밤에는 당신의 낮은 숨소리를 듣습니다. 그리고 너무 적적할 때 아주~ 가끔 당신 옆에 무릎을 꿇고 기도를 드립니다. 좀더 가까이 가도 되겠습니까? 당신의 발끝을 가린 성스러운 옷자락을 때문은 이 손으로 조금만 만져봐도 되겠습니까...

이 글은 이어령 초대 문화부 장관의 73년의 신앙고백 이다. 노령의 지성인 그 순수한 고백과 용기에 찬사를 보낸다.

이성에서 지성으로 그 갈급함이 영성으로...

현대사의 대표적인 지식인으로 그를 부르는 존칭은 다양하다. 통섭의 문화인 우리시대 언어의 달인 20대 초반에 문학과 지식인 대명사로, 신문사 논설위원으로, 교수로, 다른 사람들이 수십년 노력해 이룬꿈을 청년기에 이룬 그가 느끼는 허기증은 무엇 이었을까?

존경받는 자로 기억되기 보다는 하나님 앞에 겸손하며 작은 자로 무릎 꿇기를 소망하는 그 순수한 영성에 하나님의 은혜가 임하기를 기도해 본다.

사순절을 묵상하며

주님!
나로 하여금 낮은자 되게하시고
섬김의 근본되게 하옵소서.

주님의 주신 사랑 이어받아
내 영혼을 맑고 아름답게 빛나게 하옵소서.

주님!
나로 하여금 가족을 가슴깊이 호흡하게 하옵소서.
무지개처럼 아름다운 건널목되어
사랑을 전하게 하옵소서.

주님!
나로 하여금 성 프란치스코 같은 귀중한 사랑을
품게 하옵소서.

이 세상 끝날 때까지 낮은 자 섬기는 자
전도하는 자로 주님이 주신 소명 감당케 하옵소서.

열방에 임하시는 하나님 사랑

2010년 8월7일부터 14일까지 이어지는 아웃리치 일정, 우리 어울림 팀은 성령님의 인도하심으로 하나님 아버지의 마음을 품고 스리랑카로 향했다. 콜롬보 캔디 누와라 엘리야 남부지역 헷턴의 아가페 고아원 사역에 이르기까지 북부 지역을 제외한 전역을 돌며 주님의 마음을 담아 사랑을 전하기 위해 기쁨으로 8일간을 헌신하고 기도하는 마음으로 임했다.

모든 일정을 같이하신 박영근 선교사님 내조하시는 추행란 선교사님, 단기 선교사로 스리랑카 사역에 헌신하는 박현선 자매님, 협조가 있음에 감사드린다.

첫째날 온누리 국제학교를 방문 숙소에서 1박한후 현지인 약깔라 교회(샤만 목사)에서 예배를 드린 우리는 그뜨거운 열정의 중심에서 찬양과 SUM 간증을하며 하나님께 마음껏 경배했다. 이어서 캔디 지역의 LBC 신학교 방문 1세기 역사를 자랑하는 이학교에 세계를 품고 복음을 사명으로 각 나라의 기도 자리가 마련되어 있었다. 쉬지않고 기도의 제단을 쌓아가는 열방을 향한 이들의 순종의 중심을 보시는 하나님은 기억하고 응답하시리라 믿는다. 불교가 국교로 선포되어있고 하나님의 말씀에 갈증을 느끼고 있는 이지역에 주님의 마음을 전하는 이 나라의 복음사역의 중심이자 변방이 아닌 언제인가 도래할 하나님 나라 일군들을 키우며 비전을 심어주는 산 교육 장소가 될 것을 바라며 숙연한 마음으로 우리 일행도 열방을 향하여 하나님 앞에 무릎꿇고 기도하는 시간을 가졌다.

다음날 일정은 부처의 이빨을 모셨다는 불치사를 바라보며 눈뜨고 기도 땅 밟기후 누와라 엘리야 홍차 재배 지역으로 향했다. 서유럽 식민지 450년 역사의 노예 사역의 잔재가 고스란히 묻어있어 희망 보다는 절망속에서 하루하루를 보내는 원주민들의 고난의 현장이자 삶의 터 비탈진 차밭에서 한끼정도의 식사로 하루하루를 견디는 이들에게 주님의 긍휼하심이 같이 하기를 염원하며 간구해본다. 라눅칼레 AOG교회 작지만 큰교회 성도들 가정을 방문하여 노엘과 카나카리지 목사님 두 분의 인도로 심방하며 나눔을 갖는 장소에 성령님의 임재를 느꼈다. 마음을 나누고 물건을 전하고 SUM과 찬양을 하며 언어의 장벽이 존재하는 가운데에도 주님의 사랑 안에 소통하고 웃으며 해맑은 미소를 주고받는 우리 모두에게는 천국의 준비된 시민임을 느끼는 아름다움이 있었다.

보기에도 아름답기만 한 끝없이 펼쳐지는 홍차밭 아름다운 환경 만큼 이들에게 소망을 주시고 비전을 주시고 열매로 돌아오게 해주셔요 주님! 저절로 터져나오는 눈물섞인 한숨이 앞날에는 아름다운 웃음으로 돌아오도록 주님을 의지하고 소망을 간직하며 자긍심을 갖고 일하는 작업 현장에도 보람으로 열매 맺어가기를 기도해 본다.

누와라 엘리야타운 1.900m에 이르는 고원지대는 일년내 온도가 낮이 25도 정도 상쾌 지수가 최고인 이곳에는 환경여건 만큼이나 모든 것이 잘 정돈된 도시다. 이곳에서 사역하며 빈민촌의 아이들에게 희망을 심어주고 청소년 축구팀을 만들어 국내에서 준우승할 정도의 명문팀이 되기까지 그 중심에는 한국인 이문성 선교사님의 헌신적인 노력이 있었다 한시간여 친선 축구

시합을 하며 교감을 가진후 그들이 사는 빈민가를 방문하여 나눔과 봉사로 기쁨을 주었다.특히 돋보기 안경은 이곳에서도 눈이 안좋은 이곳 어르신 들에게 인기만점 풍선 아트와 더불어 축구공과 옷을 전하며 즐거운 시간이 되었다.

남부 지역으로 이동하니 날씨가 무더워졌다 티섬 아가페홈 고아원 방문을 통하여 우리 일행의 아웃리치 일정의 꽃은 아름답게 피어 열매를 맺어가고 있었다. 이곳에 건전치 못한 가정에서 버려진 아이들과 몇 년전 자연 재해 쓰나미로 인해 생겨난 고아원에 100명이 넘는 아이들과 놀아주고 약품과 의복을 나누며 그들의 마음속에 주님의 형상이 아름답게 새겨지는 모습을 보고 가난한 자 약한 자 긍휼한 자에게 임하는 하나님의 마음을 보게 되었다.

복음의 통로를 만들고 천사의 모습으로 이들을 양육하며 희망을 심어주는 다이야 목사님 부부 척박한 현실에 계속되는 가뭄으로 메마른 대지 위에 피는 인동초 같은 삶이 순교의 역사속에 오늘날 우리나라에 1.000만 성도로 열매 맺은 그 수확이 이곳에도 오리라는것을 기원하며 확신해 본다. 선교지 현장에는 비전만큼이나 늘 긴장감이 흐른다. 남부지역 티사마하라 AOG 교회를 개척해 오늘에 이르는 랄라니 목사님 그 교회 터 위에는 남편의 숭고한 순교의 피가 초석이 되었음을 알고 눈물의 기도를 드렸다. 승려의 신분으로 개종하여 LBC 신학교 졸업 승려인 친구들에게 복음을 전하다 듣기조차 거부하는 친구들이 입에 총을 넣고 당겨 순교당하는 모습을 사진을 보며 무엇으로 이장면을 위로 하겠는가?

주님 긍휼히 여기소서!
남편의 역할을 계승해 복음의 터를 마련하고 헌신과 열정으로 사랑을 전하는 고난중에도 역사하시는 주님의 모습을 랄라니 목사님에게서 보게 되었다.
불교의 신도수가 100%에 이를 정도의 이곳에서 그의 역할은 종교의 이방인이 아니라 구원의 안내자로 하루하루의 삶을 살아가고 있다.

배척과 탄압이 계속되는 이 아픔의 현장에 300명 이상의 성도를 품고 양육하는 랄라니 목사님의 헌신으로 그 열매는 아름답게 열매 맺어 가리라.

사역과 긍휼과 쉼을 통하여 7박8일 진행된 아웃리치 일정 그 중심에 주님의 마음이 우리를 이끌고 움직이고 희망으로 열매 맺어가는 스리랑카를 가슴에 안으며 이지역을 중심으로 서남 아시아에 복음의 전초 기지가 더욱 확장되어 가기를 소망하며 박영근 선교사님 부부와 저녁을 같이하며 아쉬운 작별의 시간을 가졌다. 8일간의 아웃리치 일정을 같이한 우리 어울림팀은 예수님의 참된 제자로 세상속의 빛과 소금으로 헌신하기를 간구하였다. 나또한 선교의 비전을 품고 확장해 가는 좋은 시간이 되었음을 고백하며 실천해 가리라 다짐한다.

성령님 인도하심 따라

열방을 품고 땅끝의 열매를 수확하라 당부하신 주님 함께 일하소서! 뜨거운 여름을 녹일 온누리 행전의 일원이 되고자 일본 땅을 품고 나아간 우리 성동공동체 22명의 마음은 참으로 진지했다.

7/27일 늦은저녁 나고야 애린교회를 시작으로 우리의 일본 OUT REACH 일정은 시작되었다 한국인 목사로 일본 현지인 교회를 개척하여 오늘에 이른 조목사님의 일본에서의 30년간 LOVE SONATA(사랑의노래)는 실로 눈물겨운 간증이었다.

고난을 통하여 응답하시는 주님! 그 사랑은 영원히 쉬지 않고 이곳에 응답되리라. 준비한 SUM과 찬양교제를 통해 기도의 동역자 되기를 소망하며 OUT REACH의 꽃이라 할 수 있는 CGN TV 설치비 전달과 위로금으로 그동안 30년 헌신의 노고에 작은 위로가 되기를 간구하며 같이 기도하는 시간을 가졌다. 이

튿날 먼길을 이동해 PASSION 집회장소인 요코하마 신토시홀에서 행사 도우미로 헌신한 우리는 일본의 젊은 이들과 이땅 위에 복음의 열매가 결실되고 확장되기를 주님의 이름으로 간구해 본다. 주님~나라 이땅에 임하소서!

일본? 가장 가까이 이웃하며 우리와 역사의 한축을 감당한 그들에게 우리는 정신적으로 가까운 이웃이 아니다.

반목하며 질시하고 증오자로 과거는 우리에게 얼마나 냉철하게 이성적으로 일본을 멀게 느껴지게 하였는가. 평행선을 달리며 지금도 서로가 인정하지 않는 부분 그것의 해결은 하나님을 향한 사랑의 노래였다. 행사당일(7/29)요코하마 국립대홀에 모여오는 인파를보며 지치고 힘들때 저들의 영혼을 위탁하오니 주여? 위로하여 주옵소서!

그들을 향한 축복의 기도가 절로 나온다. 좁은 공간에서 하나님을 갈망하던 몇시간의 기다림 많은 사람들이 차고 넘치도록 해달라고 조르며 기도했던 여리고행진

모두가 일순간에 응답되는 순간이다 식사도 거르며 다소 몸은 피곤하엿지만 몸에는 희열이 느껴진다.

하나님의 개입에는 언제나 기적이 이어진다는것을 실감하며 그것이 그분에게는 우리를 사랑하는 방법이라는것을 체험하는 순간이다.

하루종일 수고와 염려도 이땅에 내백성을 양육하고 복음의 소식이 이어질 때 주님은 항상 그장소에 임재하고 계시다는 간증을 해본다.

늦은시간 이정호 목사님과 동행하며 CGN본부 LOVE SONATA 행사본부 두란노를 돌아보며 위로하고 중보하는 우리의 모습에서 주님은 더없는 기쁨으로 우리에게 사랑을 주고 계시다는 것을 실감하며 아오모리로 이어지는 이 축복이 영원하리라 기대해 본다.

3일간의 사랑

7월의 첫날은 한여름의 중심에 서있음을 증명하듯 폭염이 기승이다. 아름다운 자연속에 오락가락 하는 장마비는 자연의 흐름을 주관하시는 하나님의 섭리를 느끼게한다 모처럼 기회가 주어져 경남 진주 동방호텔에서 개최되는 출판 경영자 세미나에 참석하기 위해 양재역에서 출발하는 버스에 올라 여러 출판계 단체장들과 사장님들과 동승했다.

불황 속에서도 대안을 찾으려고 애쓰는 우리 출판계에 어려운 현실을 반영하듯 첫날의 세미나 현장은 사뭇 진진한 표정이다. 이번 주제는 21세기 경영환경 변화에 따른 출판업계의 서바이벌 전략이다. 주강사인 한국 외국어대 세계 경영 대학원장이신 이명호교수의 특강.... 주의깊게 들어야 될 대목인것 같아 이곳에 남겨본다.

불황으로 인해 그 어느때 보다 취업률이 저조한 지금

미래를 준비한 대학 글로벌 전략을 일찍 도입한 대학 하나님의 대학 한동대학의 성공 사례를 예로 들며 S전자와 L전자에서 가장 선호하는 대학임을 강조한다. 물론 그자리에서 하나님의 대학 이라는 말은 없었지만 선교사를 준비하는 마음으로 학생들을 양육 했노라는 김영길 총장과 김영애 권사의 눈물겨운 이야기 갈대상자 의 내용이 내 마음속에 자리해온다. 양질의 많은 씨앗을 잉태시킨 만큼 이제 서서히 알곡으로 추수되리라는 기대와 하나님의 인도하심이 있을것으로 확신하며 기도한다.

이튿날 주변 관광 답사를 위해 찾은 고성땅 태초의 신비를 간직한 쥬라기 시대의 공룡의 흔적을 찾아 나섰다. 큰 발자국 만큼이나 소모도 많았으리라는 예측 속에 하나님은 결국 세상을 지배하기 합당한 우리를 지으시고 지배권을 주시지 않았나 생각하게 된다.

공룡의 멸망 원인은 지나친 욕심과 무질서 한계성을 초월한 바벨탑 같은 사건이었음을 직시하게 된다. 늘 기도하는 마음으로 우리에게 주어진 의무와 권리를 다 해야 겠다고 다짐해본다. 소돔의 멸망도 결코 우연이 아니며 세상에 미련을 둔 롯의 처 운명은 현실에 미련을 두고 준비 없이 세상을 방황하는 우리에게 많은 교훈을 주고 있다. 3일간의 짧은 시간이지만 하나님의 섭리를 깊이 느끼며 우리에게 무한한 사랑을 주시지만 알맞게 쓰기를 원하시는 주님의 참뜻을 깊이 느끼는 귀중한 시간이었다.

한 해를 보내는 마음

휴일로는 제법 이른 시간이다. 옅은 구름이낀 하늘은 찬공기가 맴돌아 계절이 겨울의 중간에 와 있음을 말하여 주고 혹시나 하고 기다리며 기대하던 white christmas의 꿈은 오락 가락하던 눈발이 마음 한구석 허전함을 달래어주며 긴~ 여운을 남기고 간다.

오늘은 어떤 일이 나를 기다리고 있을까? 약속한 장소인 신당동 동부시립 노인요양원으로 차를 운행 중 공덕동 로타리를 지나 퇴계로 방향으로 U턴하기위해 신호대기 중에 중증 장애우 두 명이 추운 날씨에도 불구하고 오토바이를 개조한 장애인 오픈카를 운전하고 가는 모습을 보았다. 측은하다고 느끼는 순간 나란히 앞서거니 뒷서거니 하며 추운 날씨에도 아랑곳 하지 않고 서로 격려하며 인도해 주는 모습이 참으로 따스하다고 느껴진다. 순간 시간에 쫓기어 U턴 지역에서 신호를 위반하려던 내마음에 빨간 신호불이 켜진다.

그래 실천은 마음에서 부터 시작 되어야지 적당히 위장하고 작다고 느끼는 적당주의가 하나의 큰 사회악

이지 그것이 곧 사회를 어둡게하는 요인이야 빈마음을 채우기위해 도착한 동부노인 시립병원은 시설로는 특급에 가까운 호텔 수준이다.

몇번 지나가듯이 방문한적이 있지만 이렇게 직접 노인들을 접하며 그들에게 다가가 대화하고 가슴에 안아보는 오늘은 나의 생활에 새로운 활력소를 집어 넣어주는 좋은 날로 기억될 것이다. 평균 연령이 80세가 넘는다는 할아버지 할머니 300여명이 치매로 고생하며 알다가도 모를 행동을 하고 먹기 위해 본능적인 행동을 하는 모습이 우리의 마음을 안쓰럽게 한다. 봉사하기위해 방문한 우리 150여명의 마음도 모두 같았으리라.

사랑하는 가족과의 이별 그 안에 숨겨진 추억들 그 어르신 들에게도 아름다운 날이 기억으로는 존재할텐데...저들은 지금 지나온 인생의 공간의 한 부분을 어떻게 채워갈까? 지나온 세월의 행복감을 안고 사는것인가 느끼고 있을까? 아니면 침묵이 그 대답인가? 여러 가지로 인생의 의미를 많이 느끼는 시간이었다. 연말이라는 시간은 우리에게 많은것을 생각하게 하는 시간이다.

못다한일 아쉬움 미래에 대한 비전 새로운 미션 추운 날씨에도 남에게 사랑을 줄수있는 특별한 시간들 그러나 현실에 대한 갈증은 누구나 많은것 풀고 가야 하는 인생의 필연적 여정에는 무수한 해답이 존재하고 있다.

오늘 동부시립 요양원 방문은 내일의 나를 느끼는 그래서 오늘이 중요한것을 알게하는 귀중한 시간이었다. 2000여년전 이땅에 시작된 작은 사랑의 씨앗은 우리에게 소망을 주었고 희망이 되었고 해답을 주었다.

이제는 그 사랑을 나누어주고 실천하기를 원하는 빛이신 그분이 우리를 지켜보고 계신다.

참 열매 맺으라. 부탁하는 그분의 명령에 순종하여 오늘의 이 시간이 보람된 추억으로 간직할 수 있음에 감사를 드린다.

2008년 12월 25일

존재 + 가치 = 열매

나의 출생은 10남매의 넷째로 대가족의 사회의 중심에서 6.25를 겪으며 태어났다. 아들로는 장남으로 빈농의 가정에서 그나마 장손이자 아들이라는 특혜로 다른 형제들과 약간의 차별적인 대우를 받으며 성장했던 것으로 기억된다. 무엇하나 속시원히 풍족함을 모르고 살았지만 50년대 우리나라의 쓰라린 전쟁의 상처는 시대의 어려운 문제를 해결하지 못하고 독재와 민주주의의 갈망 속에 초등학교 입학을 시작으로 때로는 끼니를 걱정하며 사는 가정에서 사랑이 많으신 할머니와 부모님의 배려와 관심으로 어려운 형편에서도 평범한 시절을 보냈다.

60년대 초 초등학교 졸업 후 중학교 진학을 앞두고 먹고 살기에도 급급하던 우리 집은 가정 형편으로 상급학교 진학을 포기하라는 아버지의 말씀에 나는 얼마나 상실감이 컸던지 1년을 졸라 이듬해 중학교 고등학교 입학도 똑같은 입장으로 졸업을 하고나니 어느덧 군대갈 나이가 되었다.

대학은 제대로 준비하여 보지도 못하고 34개월을 마치고 제대 후에 곧바로 취업 장손이라는 명분 때문에 회갑전 서두른 결혼과 사회 생활로 이어지는 각박한 생활은 늘 주변과 대가족의 중심에서 무엇인가를 책임져야하는 어려움이 있었다.

회사에서 주어진 기회로 부산 지사장으로 근무지를 옮기고 30대 초반에 서둘러 서적 도매업을 시작해 절반의 성공으로 나에게 한때 자부심과 긍지를 주기도 했다.

그러나 세상은 급변하고 있었다. 특히 요사이는 오전과 오후가 다르고 문화 또한 상상하지 못할 정도로 안주하고자 하는 느림뱅이에는 저주로 다가오는 것을 90년대 말에 실감하고 무너진 자존심에 제2의 새로운 도전기를 서울에서 갖게 되었다.

세계를 호령하던 IBM이 위기 관리를 통하여 새로 태어나고 GE가 잭웰치의 경영관리 혁신으로 새시대를 맞이하였으며 반스노블과 아마존의 차이점은 보이지 않는 시장에서 그 유한성이 어디까지인지 매장 하나없는 아마존이 인터넷으로 시장을 선점하며 긴꼬리의 법칙이라는 용어를 새로히 만들어냈다.

요사히 도서시장에 새로운 강자로 부상해가는 전자북도 사용 가치에 대한 논란의 여지를 무시하고 국가의 교육산업 활용대안으로 가시화 되어가고 있다.

어느덧 이런한 시련과 과제를 극복하며 10여년을 젊은이들과 경쟁하며 보냈다. 노력의 댓가는 보람으로 보상되었으며 회사에서 유통분야를 총괄한 세월이 변화에 적응하며 살아간 삶과 같은 날수로 지나갔다고 생각한다.

2010년 9월 명예롭게 정년퇴직을 한 나의 삶은 주어진 시간을 보람으로 열매 맺는 삶을 살아가기를 기원하고 있다. 지난 60여년의 삶이 나에게 남아있는 30년에 충분한 동기부여를 주었다. 몇 년동안 학점은행으로 취득한 학위와 자격증을 활용하여 어려운 사람들과 평범한 사람들의 친구로 상담자로 봉사하며 의미있는 삶을 살려고 실천하려고 노력하고 있다.
 도도새의 법칙이라는 말이 있다.

경쟁 없고 천적이없는 조용한 섬에서 편안하기만 하던 도도새에게 외부의 급작스러운 변화는 적응이 안되어 지구상에서 멸종되고 사라져 갔다.

우리의 삶은 적당한 충격과 소용돌이를 통해 자신을 돌아보게 된다. 시련을 통하여 축복으로 열매맺어 가는삶 고난 뒤에 오는 축복은 더욱 보람으로 값지게 느껴질것이라 생각하며 과거의 놓치고 잃은것 쓰기만했던 잔들이 이제는 남에게 도전과 용기를 줄 수 있는 전환점인 터닝포인트가 될 것이라 확신한다.

(여주 교도소 인성 교육 강의자료)

JDS(예수 제자학교)

2009년 12월 나에게는 인생의 가장 중요한 시간이 지나가고 있었다. 몇 개월 남지 않은 직장 생활에 마무리도 중요하고 이제는 삶의 패턴을 바꾸어 나와 내 자아를 내려놓고 하나님 중심의 순종하는 삶으로 옮겨야 할시기라 생각하며 기도하고 고민하던 중이었다. 재정적으로 어려운 현실도 외면할 수 없고 인생의 하반부를 지금부터 주님께 순종함으로 무엇인가를 온전히 헌신 하고픈 마음도 절실하다고 느꼈다. 기도중에 예수 제자학교(JDS)에 대한 평소의 부담이 나를 움직이는 것을 느끼며 헌신하기로 결정하고 기도를 시작하였다.

2010년 1월 중순 부산에서 섬기던 교회에서 파송한 몽골 선교사님을 만나 파주일원에서 같이 하루를 보내며 선교지에 대한 도전을 받기도 하였지만 내조하는 아내의 육신의 질병증세로 어렵다고 생각하고 하나님의 부르심이 나에게 어떤식으로 응답되어 오는지 기대하며 시간적인 여건이 어려워 부담을 느끼던 예수제

자학교에 지원서를 제출했다. 3월초 개강을 하고 하루
하루 도전을 받으며 순종하는 마음으로 임하는 가운데
2달 가량 지나자 나는 모든 것이 익숙해져갔고 큐티
(Quiet Time) 필독서 독후감 성경구절 암기 강의 후
저널을 정리 하는것이 기다려지고 즐거운 일상적인 생
활로 이어지며 지금도 큰 기쁨을 주고 있다.

그동안 강의로 모자라는 부분을 채워가고 성령집회와
장심리 수련회를 통하여 받은 은혜와 성령님께서 동행
하여 주심은 나의 앞길을 예비하시고 순종하라는
살아계신 우리 주님의 인도하심이라 믿는다 성부 하나
님은 아버지의 마음으로 성령님은 나의 친구이며 동행
자로 성자 하나님은 제자도의 삶을 보여주시며 나에
게 도전을 주시고 기도로 응답 받았음은 큰 기쁨이다.

아버지 하나님의 부름으로 천국에 설때까지 나의 든든
한 믿음의 반석이 되리라 생각하며 주님의 자녀로서의
삶을 충실히 살아갈 것이다.

가장 큰 문제는 아웃리치에 대한 비용 부담감이었다.
퇴직을 몇 달 앞두고 준비된 휴가로 시간은 낼수있다

고 생각하였지만 아웃리치 비용도 부담이었는데 16년 전 아버님 소천후 상속 재산문제로 동생과 공동으로 보유한 땅문제 정리 과정에서 등기 이전 비용에 잘못이 나타나 예상치 않은 증여세 문제로 큰 금액을 차용하여 세금을내고 정리중에 있었다.

부산에서 사업 실패로 부채가 정리되지 않고 많이 남아있는 나에게 어려운 여건이 가중되고 상실감이 많아 고민하였으나 항상 어려울때 순종을 보시고 채워주시는 주님의 응답을 확신하고 망설이지 않고 마이너스 잔액에 선교지의 마음을 담아 헌신하기로 결단하였다.

믿음으로 항상 위기극복을 하며 응답받은 우리 부부는 어떠한 경우에도 순종 하는것이 습관처럼 되어있다. 내가 질병으로 위독할때 병원비에 부담을 해결해 주신 하나님 두 자녀의 결혼으로 상상할수없는 축복을 주셨으며 50이 넘은 나이에 지금의 직장에 최고의 간부로 근무할수있는 여건을 마련하고 8년간 축복하신 주님을 찬양한다. 금년초에는 이런일이 있었다 오랫동안 친분이있던 출판사 사장님으로부터 작은 회사지만 큰수입이 있는것은 아니나 아직 여건은 괜찮은 편이니

맡아서 운영할 생각이 없는가? 나는 고령으로 정리하고 싶다고 타진해와 기도로 결정한후 생각하던 금액에 절반에 가까운 금액으로 인수 하기로 하고 9월말에 정년으로 직장을 떠나는 나에게 10월부터 새로운 도전과 희망을 안겨주시고 새로운 비전을 허락하셨다.

모든것이 기적이라고 생각되지만 주님의 응답이었음을 나는 확신한다. 특히 토피 목사님을 통하여 나에게 기도로 응답하신 주님을 전적으로 신뢰하며 순종할것이다 너의 10여년간 진행된 광야의 삶이 이제 곧 끝나고 앞으로는 네가 운영하는 사업장에서 얻는 수입은 선교지를 위해 헌신하라는 말씀을 듣고 나는 얼마나 울었는지 지금도 그 감동이 응답으로 밀려온다.

주님 모든 과정이 주님께서 저를 연단시키고 준비 시키시는군요! 주님 그 사랑에 의지하여 앞으로는 전적으로 주님께 충성하고 신뢰하는 삶을 살아가기를 서원하며 기도합니다.

아웃리치로 스리랑카를 향한 비전을 품고 늘 기도하며 17번 모임을 갖고 즐거운 마음으로 준비하였다 8

월7일 이른 새벽 인천공항으로 향하여 14일까지 진행된 아웃리치(Out reach) 왜 선교지를 보게 하시는지 나에게는 하루하루 응답받는 나날들이었다 내가 어디에 있든지 주님의 사랑을 땅끝까지 전해야할 부담감을 갖고 실천하며 기도로 준비할것을 다짐하는 좋은 시간 이었다.

예수제자학교를 통하여 비전을 주시는 주님의 사랑에 감사한다. 앞으로 살아갈 내삶의 구심점은 선교와 나눔으로 헌신하며 채워 가고자 한다. 나와 우리에게는 주님의 피값이있다 그것은 원망이 아니라 용서하고 나누고 사랑하며 제자삼으라는 주님의 땅끝 사명이 있음을 늘기억하고 실천할수 있는 비전을 이기간동안 더욱 확실하게 할수있음에 감사드린다.

9월과 10월에 남은 강의를 기대하며 그동안 우리를 양육하시기 위해 피곤한 가운데 헌신적으로 사랑을 주신 목사님 팀장님 Staff으로 섬기신 간사님들의 사랑을 잊을수 없을 것이다.

내 마음의 노래

꿈을 좇아 부르던
어린 날의 노래가 있습니다.

마음을 나누는 사랑을 배우고
형제와 이웃을 알게 되었지요

그 노래는 이야기로 남아
나를 일으키고 안아주며
평안으로 행복을 만들어주는
이정표가 되었답니다.

인생길 여정에
굽이 굽이 친구가 되어준
공기 속의 산소 같은
나의 동반자이자 호흡으로
오늘을 이어주는 숨결입니다.

연륜을 더하며 익어가는

마음으로 부르는 노래

사랑으로 지혜를 심어주는

소망으로 자라갑니다.

피노키오 연가

지금 곁에 있어 낯익은 네 모습이
좁은 길 걷는 만큼 어려움도 많았지

바람이 불면 부는 대로 흔들리고
곱게 맺혀가는 이슬방울 다 떨구고
삶의 의미를 찾아가는 세월 만큼
내 인생의 연가는 영글어가네.

토기장이 손길에서 빚어진 인생
대책 없이 투정 부려보는 하루살이
때로는 아픈 다리로
서글퍼오는 마음 달래려고
나를 찾아 노리개가 되어본다.

시간이 흐를수록 느껴지는
이 세상의 주인공은
너와 나 둘 뿐이니
찾아가 가고픈 곳 머물며
한자리 찾아서 쉬어가자.

마음으로는 누구라도
사랑할 수 있으나
살아가기 벅차
둘이 하나를 만드는 길
사랑으로 열매맺으리.

부부 이야기

만나고 헤어짐이 못내 아쉬워
어우러지고 더불어 살다보니
둘만이 간직해온 40여년 세월
어느새 석양의 노을빛 되어
서편에 걸치었네.

그대와 나 함께 걸으며
엉켜지고 펼치어온 존재의 이유
세월의 연륜으로 추억을 만듭니다.

함께 가는 시간 같이 부르는 노래
그 사랑 누가 알까 누가 들을까
오묘함으로 가득찬 우리만의 이야기

그대 나로 인해 행복한 일
좋은 기억만 만들어 갔으면...

영원보다 더 먼 날까지
넉넉함으로 주고 더 주고파
오늘도 그대 모습 바라보며
마음의 창문 활짝 열고
한 송이 꽃으로 피어 가렵니다.